MÉTHODE
AMUSANTE

OU

ABÉCÉDAIRE RÉCRÉATIF,

ORNÉ DE VINGT-SEPT JOLIES GRAVURES,
Propres à piquer la curiosité des Enfants, et
à hâter leur instruction.

AVIGNON,
Pierre CHAILLOT Jeune, place du Palais.
1833.

Les rayons du soleil, formés de sa propre substance, sont autant de flots qu'il lance de tous côtés.

MÉTHODE
AMUSANTE

OU

ABÉCÉDAIRE RÉCRÉATIF,

ORNÉ DE VINGT-SEPT JOLIES GRAVURES,
Propres à piquer la curiosité des Enfants, et
à hâter leur instruction.

AVIGNON,

Pierre CHAILLOT Jeune, place du Palais.

1833.

a	b
c	d
e	f

g	h
i j	k
l	m

n	o
p	q
r	s

t	u
v	x
y	z

MAJUSCULES ROMAINES.

A B C D E F
G H I J K L
M N O P Q R
S T U V X Y Z

MAJUSCULES ITALIQUES.

A B C D E F
G H I J K L
M N O P Q R
S T U V X Y Z.

Figures des Lettres comparées.

A	a	*A*	*a*
B	b	*B*	*b*
C	c	*C*	*c*
D	d	*D*	*d*
E	e	*E*	*e*
F	f	*F*	*f*
G	g	*G*	*g*
H	h	*H*	*h*
I	i	*I*	*i*
J	j	*J*	*j*
K	k	*K*	*k*
L	l	*L*	*l*

M	m	*M*	*m*
N	n	*N*	*n*
O	o	*O*	*o*
P	p	*P*	*p*
Q	q	*Q*	*q*
R	r	*R*	*r*
S	s	*S*	*s*
T	t	*T*	*t*
U	u	*U*	*u*
V	v	*V*	*v*
X	x	*X*	*x*
Y	y	*Y*	*y*
Z	z	*Z*	*ʒ*

Syllabaire simple.

a	e	i *ou* y	o	u
Ba	bé	bi	bo	bu
Ca	cé	ci	co	cu
Da	dé	di	do	du
Fa	fé	fi	fo	fu
Ga	gé gue	gi gui	go	gu
Ha	hé	hi	ho	hu
Ja	jé	ji	jo	ju
Ka	ké	ki	ko	ku
La	lé	li	lo	lu
Ma	mé	mi	mo	mu
Na	né	ni	no	nu
Pa	pé	pi	po	pu
Qua	que	qui	quo	quu
Ra	ré	ri	ro	ru
Sa	sé	si	so	su
Ta	té	ti	to	tu
Va	vé	vi	vo	vu
Xa	xé	xi	xo	xu
Za	zé	zi	zo	zu

Syllabaire composé.

bla	ble	bli	blo	blu
bra	bre	bri	bro	bru
cha	che	chi	cho	chu
cla	cle	cli	clo	clu
cra	cre	cri	cro	cru
dra	dre	dri	dro	dru
gla	gle	gli	glo	glu
gra	gre	gri	gro	gru
pha	phe	phi	pho	phu
pla	ple	pli	plo	plu
pra	pre	pri	pro	pru
tra	tre	tri	tro	tru

Lettres liées ensemble.

æ	œ	fi	ffi	ff	fl	ffl	w
æ	*œ*	*fi*	*ffi*	*ff*	*fl*	*ffl*	*w*

Mots à épeler.

Pa pa
Ma ma.
Na nan.
Da da.
Tou tou.
Jou jou.
Cou teau.
Gâ teau.
Cha peau.
Bé guin.
Jar din.
Rai sin.
Chi en.
Car lin.
Se rin.
Voi sin.
Mas se pain.
Car ton.
Pois son.
Han ne ton.

Hé ris son.
Pa pil lon.
Hi ron del le.
De moi sel le.
Ar ti chaut.
A bri cot.
Ar ro soir.
A breu voir.
Ré ser voir.
E gru geoir.
Ba lan ce.
Con fi an ce.
Com plai re.
Ger çu re.
Brû lu re.
En ge lu re.
Con fi tu re.
Ra quet te.
Ja quet te.
Noi set te.

ein tu re.
ri su re.
ou ver tu re.
a ra sol.
our ne sol.
Ros si gnol.
Ré glis se.
E cre vis se.
Bas cu le.
Re non cu le.
Ri di cu le.
r ti fi ce.
é né fi ce.
Hu mi li té.
Do ci li té.
i va ci té.
Ion nê te té.
o ra ci té.
in gu la ri té.
m pé tu o si té.
Ra pi di té.
In tré pi di té.
Am bas sa deur.
La bou reur.

Sur veil lan ce.
Pa ti en ce.
Vail lan ce.
Fa mi li a ri té.
Bien veil lan ce.
Ex tra va gan ce.
Il lu mi na ti on.
Os ten ta ti on.
In di gna ti on.
Dis si pa ti on.
Vo mis se ment.
E va nou is se ment.
E blou is se ment.
I nu ti le ment.
Heu reu se ment.
Sin gu li è re ment.
At ten ti ve ment.
Gran de ment.
Ad mi ra ble ment.
Cer tai ne ment.
In sen si ble ment.
In hu mai ne ment.
Vé ri ta ble ment.
Ho no ra ble ment.

B

Phrases à épeler.

Les cou teaux cou pent, les é pin gles pi quent; les chats é gra ti gnent; le feu brû le.

Voi ci un che val, il a qua tre jam bes, les oi seaux n'ont que deux jam bes; mais ils ont deux ai les; ils vo lent.

Les pois sons ne vo lent pas, ils na gent dans l'eau; les pois sons ne pour raient pas vi vre dans l'air : le vez la tê te, vous ver rez le so leil.

C'est Dieu qui a fait le so leil : Dieu a fait tout ce que nous vo yons; il est le maî tre de tout, il sait tout.

Pour plai re à Dieu, un en fant doit o béir à ses pa rens, et s'ap pli quer à bien li re.

Il faut que cha cun tra vail le : ce lui qui ne tra vail le pas ne mé ri te pas de man ger.

Le pain se fait a vec de la fa ri ne, la fa ri ne se fait a vec du blé.

Pour a voir du blé, il faut le se- mer; la ter re est dif fi ci le à la bou rer.

Le blé pous se des ra ci nes ; les ra ci nes por tent u ne ti ge ; cet te ti ge pro duit un é pi ; cet é pi ren- fer me des grains de blé.

Les ar bres ont des ra ci nes qui sont com me leurs pieds; ils ont des bran ches, qui sont com me leurs bras, et des ra meaux qui sont com- me leurs mains.

Sur les ra meaux, il vient des feuil- les et des fleurs ; quand les fleurs sont tom bé es, il res te un pe tit fruit ; ce fruit de vient gros ; on le man ge, quand le so leil l'a mû ri.

La pom me est le fruit du pom- mier; on fait du ci dre a vec des pom- mes, quand el les ont é té é cra sé es dans un pres soir.

Avec des raisins on fait du vin ; les raisins sont le fruit de la vigne.

Nos chemises sont de toile, la toile se fait avec du fil ; le fil se fait avec du chanvre : on sème la graine qui produit le chanvre.

Nos habits sont ordinairement de laine, la laine croît sur les moutons ; on la file.

On ne tond les moutons qu'une fois dans l'année ; une année est composée de douze mois : dans un mois il y a trente jours.

Quand on est jeune, une année paraît bien longue.

On croit qu'on ne deviendra jamais vieux.

La gloutonnerie ôte la santé.

Ne dérobez rien.

Ne jetez pas du pain à terre ; si vous en avez trop, il y a des gens qui n'en ont pas assez.

Ne vous met tez pas en co lè re.

L'en fant doux se fait ai mer.

On ché rit l'en fant com plai sant.

Ne mé pri sez per son ne.

L'en fant le plus ins truit n'est pas ce lui qui par le le plus.

Si vous dé si rez trop, vous ne se rez ja mais heu reux.

Pour qu'on sup por te vos dé fauts, sup por tez ceux des au tres.

Si vous vou lez vous fai re ai mer, ren dez vous ai ma ble.

Ne fai tes pas à vos ca ma ra des ce que vous se riez fâ ché qu'ils vous fis sent.

Dé fiez-vous de qui con que pré tend ren dre les hom mes plus heu reux qu'ils ne veu lent l'ê tre : c'est la chi mè re des u sur pa teurs, et le pré tex te des ty rans.

Dans la bou che d'un four be, le com pli ment est un pié ge cou vert de fleurs, ten du aux per son nes cré du les ou qui s'ai ment trop. Dans la bou che d'un hom me sin cè re, c'est u ne ex pres sion suc cin te de l'es ti me et de l'af fa bi li té.

L'Oraison Dominicale.

Notre Père qui êtes aux Cieux, que votre nom soit sanctifié, que votre règne arrive, que votre volonté soit faite en la terre comme au ciel. Donnez-nous aujourd'hui notre pain quotidien, et pardonnez-nous nos offenses comme nous pardonnons à ceux qui nous ont offensés ; et ne nous induisez point en tentation, mais délivrez-nous du mal.

Ainsi soit-il.

La Salutation Angélique.

Je vous salue, Marie, pleine de grâce; le Seigneur est avec vous, vous êtes bénie entre toutes les femmes; et Jésus, le fruit de votre ventre, est béni.

Sainte Marie, Mère de Dieu, priez pour nous, pauvres pécheurs, maintenant et à l'heure de notre mort.

Ainsi soit-il.

Le Symbole des Apôtres.

JE crois en Dieu, Père Tout-Puissant, Créateur du ciel et de la terre, et en Jésus-Christ son Fils unique, notre Seigneur, qui a été conçu du Saint-Esprit, est né de la Vierge Marie, a souffert sous Ponce-Pilate, a été crucifié, est mort, et a été enseveli, est descendu aux enfers, le troisième jour est ressuscité des morts; est monté aux Cieux, est assis à la droite de Dieu le Père Tout-Puissant, d'où il viendra juger les vivans et les morts.

Je crois au Saint-Esprit, à la sainte Eglise catholique, la Communion des Saints, la rémission des péchés, la resurrection de la chair, la vie éternelle. Ainsi soit-il.

La Confession des Péchés.

Je confesse à Dieu Tout-Puissant, à la bienheureuse Marie toujours Vierge, à saint Michel Archange, à Saint Jean-Baptiste, aux Saints Apôtres Pierre et Paul, à tous les Saints (et à vous, mon Père), que j'ai beaucoup péché par pensées, par paroles et par actions : c'est ma faute, c'est ma faute, c'est ma très-grande faute ; c'est pourquoi je prie la bienheureuse Marie toujours Vierge, saint Michel Archange, saint Jean-Baptiste, les saints Apôtres Pierre et Paul, tous les Saints (et vous, mon père), de prier pour moi le Seigneur notre Dieu. Ainsi soit-il.

Explication des gravures.

a. autruche.

Cet oi seau, dont les plu mes sont si lar ges, si bel les, est pres que aus si haut qu'un hom me monté à che val : c'est le plus grand des oi seaux. Ou tre qu'il a les jam bes longues, il se sert de ses ai les pour mieux cou rir, quand le vent est favo ra ble. Le vent est bien com mode, quand on sait le met tre à profit : le for ge ron se sert du vent pour al lu mer son feu; le ba te lier dresse ses voi les pour fai re a van cer son ba teau, le bou lan ger net toie son blé a vec u ne rou e gar nie de qua tre vo lans : nous-mêmes, nous nous pro cu rons du vent, en a gitant l'air a vec un é ven tail.

---

b. bossu.

Ceux qui se mo quent des bos sus, ont grand tort. Il est ra re qu'on soit bos su par sa fau te ; d'ail leurs les bossus ont de l'es prit. Com me ils se sentent ex po sés aux mau vai ses plai sante ries, à cau se de leur dif for mi té, ils font de bon ne heu re u sa ge de tou te leur rai son, pour ga gner du cô té des ta lens, ce qui leur man que du cô té du corps.

---

c. chameau.

Sans le se cours de cet ani mal, qui peut pas ser jus qu'à dix jours sans boi re, il au rait é té im pos si- ble de tra ver ser des dé serts, où le vo ya geur ne trou ve que des sa- bles brû lans.

Le cha meau seul peut ren dre au- tant de ser vi ces que le che val, l'â- ne et le bœuf ré u nis. Il n'est pas plus dé li cat que l'â ne sur la qua- li té de la nour ri tu re. Sa chair, quand il est jeu ne, est aus si bon ne que cel le du veau, et son poil est plus re cher ché que la plus bel le lai ne. Il mar che vi te, por te des far deaux très-pe sans; et ré u nit, à ces qua- li tés u ti les, u ne au tre plus précieu se en co re, la do ci li té. Au sim ple com man de ment de son maî tre, il vient s'a ge nouil ler entre les bal lots, pour lui é par gner jus qu'à la pei ne de les é le ver.

d. dromadaire.

Ce qui dis tin gue le dro ma dai re du cha meau, c'est qu'il n'a qu'u ne bos se sur le dos ; du res te, ces deux a ni maux se res sem blent au tant par la con forma tion que par la do ci li té. On fait a vec leur poil, qui tom be tous les ans, des cha peaux fins et de très-bel les étof fes.

Le cha meau, le dro ma dai re et l'autru che se trou vent en A sie et en A fri que.

L'Eu ro pe, où est si tu é e la France

que

que nous ha bi tons, ne ren fer me pas tout le mon de, il y a trois au tres par- ti es, qui sont l'A si e, l'A fri que et l'A mé ri que.

L'Eu ro pe est la plus pe ti te des qua- tre par ties du mon de, mais la plus peu- plée. L'A sie, bien plus gran de que l'Eu- ro pe, est l'en droit où le premier hom- me a pris nais san ce. L'A fri que, pres- que aus si gran de que l'A sie, est si chau de que la plu part de ses ha bi tans sont noirs. L'A mé ri que, qu'on ap pel le le nou veau mon de, par ce qu'il n'y a que trois cents ans qu'on en a fait la dé- cou ver te, est bien plus gran de que cha cu ne des trois au tres par ti es; c'est de là que nous vien nent le sucre, le ca- fé, le cho co lat, dif fé rens bois de tein- tu re, et beau coup de dro gues qui en- trent dans la com po si tion des mé de ci- nes.

e.   éléphant.

L'É lé phant est le plus grand de tous les ani maux à qua tre pieds. A vec son nez , qu'on ap pel le trom- pe , il peut dé nou er des cor des , dé bou cher u ne bou teil le , ra mas- ser la plus pe ti te cho se , fai re, en un mot , tout ce que les hom mes font a vec la main : on nom me ivoi- re les deux lon gues dents qui sor- tent de sa mâ choi re su pé rieu re. Cet a ni mal est très-sus cep ti ble d'af fec tion , très-in tel li gent et très- do ci le. Ra re ment on le voit seul ; il ai me à se trou ver en com pa gnie. Dans les vo ya ges , le plus â gé con- duit la trou pe ; les plus fai bles sont au mi lieu , et les mè res por tent leurs petits, qu'elles tiennent embrassés avec leur trompe. Ce qu'on va lire prouve bien leur intelligence ; un peintre voulait dessiner un éléphant la gueule béante; pour cela il s'était fait accompagner d'un jeune élève qui jetait de tems en tems des fruits à l'animal; mais comme souvent il n'en faisait que le geste, l'éléphant impatienté s'en prit au maître, et gâta tout le dessin sur lequel il travaillait.

---

f. fruitière.

Il ne suffit pas d'obliger, il faut craindre d'humilier ceux à qui l'on donne.

« Un jour je me trouvai à une fête
» de village, disait, à ce sujet, un

» *homme célèbre : après dîner la com-*
» *pagnie fut se promener dans la foire,*
» *et s'amusa à jeter aux paysans des piè-*
» *ces de monnaie, pour le plaisir de les*
» *voir se battre en les ramassant; pour*
» *moi, suivant mon humeur solitaire, je*
» *m'en fus promener tout seul de mon*
» *côté ; j'aperçus une petite fille qui ven-*
» *dait des pommes : elle avait beau van-*
» *ter sa marchandise, elle ne trouvait*
» *plus de chalans; combien toutes vos*
» *pommes, lui dis-je ? ---- Toutes mes*
» *pommes! reprit-elle, et la voilà en mê-*
» *me temps à calculer en elle-même. ---*
» *Six sous, me dit-elle. --- Je les prends,*
» *lui dis-je, pour ce prix, à condition*
» *que vous irez les distribuer à ces sa-*
» *voyards que vous voyez là-bas, ce*
» *qu'elle fit aussitôt. Ces enfans furent*
» *au comble de la joie de se voir réga-*
» *lés, ainsi que la petite fille de s'être*
» *défaite de sa marchandise. Je leur au-*

» *rais fait moins de plaisir, si je leur*
» *avais donné de l'argent. Tout le monde*
» *fut content, et personne ne fut hu-*
» *milié.* »

g. giraffe.

Lorsque la giraffe a pris son accroissement, elle est trois fois plus haute que le plus grand cheval ; mais cette grandeur n'est pas proportionnée ; car le cou en fait presque la moitié : d'ailleurs, les jambes de derrière sont trop courtes par rapport à celles de devant. Avec ce défaut, la giraffe ne peut pas bien courir : aussi, quoiqu'elle ne soit pas farouche, on n'a pas essayé d'en faire une monture. Il en est des animaux comme des hommes, on ne les recherche qu'à raison de leur utilité. On trouve des giraffes en Afrique. Leur peau est marquée de petites taches blanches sur un fond brun.

h. hanneton.

Comme le hanneton vole brusquement, on dit en proverbe : Etourdi comme un hanneton. Cet insecte, *à cause de sa docilité, est un de ceux que les enfants ont choisi pour leur amusement. Malheur aux vauriens qui se donnent le barbare plaisir de le priver de ses pattes ou de ses ailes.*

1. imprimeur.

Les livres n'ont pas toujours été aussi communs qu'ils le sont aujourd'hui. Autrefois il fallait être bien riche pour s'en procurer, parc qu'on mettait beaucoup de tems à les écrire ; à présent qu'on les imprime, la besogne va si vîte, que deux ouvriers en moins d'un jour, font sans peine ce que trente écrivains n'auraient pas fait dans un mois. Chaque lettre est moulée sur un petit carré ; ces carrés s'arrangent dans un cadre : on les couvre d'encre, et, en foulant avec une presse, on a autant de feuilles imprimées qu'on a mis de feuilles de papier blancs sur le cadre. La gravure qui a beaucoup de rapports avec l'Imprimerie, n'est pas moins merveilleuse. En général, les arts méritent notre attention. Qui dirait, en voyant une pièce d'or, une épingle, une clef, que tout cela est sorti de la terre ? Cependant, rien de plus vrai. L'or, l'argent, le fer, le cuivre et tous les autres métaux se bêchent dans la terre ; ils en sortent bruts : on les met au feu pour les purifier ; ensuite le forgeron les dégrossit, pour que les serruriers les orfévres et les bijoutiers aient moins de peine à les mettre en œuvre.

j.   joko.   k.

Le joko est un grand singe qui marche comme l'homme, appuyé sur un bâton. En général, les singes ont de l'industrie ; mais ils sont grimaciers et même un peu méchans. Lorsqu'on les attaque ils se défendent en jetant des pierres à leurs ennemis. Pour piller un verger, ils se mettent à la file, et se font passer de l'un à l'autre les fruits qu'ils mettraient trop de temps à aller chercher.

Comme ces animaux imitent tout ce qu'ils voient faire, on profite de leur instinct pour les prendre. Quelquefois on se frotte devant eux le visage avec de l'eau, et l'on met ordinairement de la glu dans le vase où l'on se lave. D'autres fois on se regarde dans des miroirs qui ont des ressorts ; à peine s'est-on détourné, que les singes s'y trouvent embarrassés.

1. lion.

Le lion est un animal terrible. Avec sa queue, il peut étreindre cruellement un homme, lui casser une jambe, et même le tuer ; mais il n'attaque que lorsque la faim le presse. Pris jeune, il s'apprivoise, et à tout âge il est sensible aux bienfaits.

Une lionne que l'on tenait enchaînée, fut atteinte d'un mal violent qui l'empêchait de manger : comme on désespérait de sa guérison ; on lui ôta sa chaîne, et on jeta son corps dans un champ. Ses yeux étaient fermés, et sa gueule se remplissait de fourmis, lorsqu'un passant l'aperçut. Croyant remarquer quelque reste de vie dans cet animal, il lui lava le gosier avec de l'eau et lui fit avaler un peu de lait. Un remède si simple eut les effets les plus prompts. La lionne guérit, et elle conçut une telle affection pour son bienfaiteur, qu'elle se laissait conduire avec un cordon comme le chien le plus familier. Tel est le pouvoir des bienfaits sur les caractères même les plus rebelles.

m. marmotte.

Ce petit animal se tient assis comme l'écureuil, pour prendre sa nourriture, et se sert des pieds de devant pour la porter à sa bouche. Rien de plus facile que de l'apprivoiser ; aussi les petits paysans des montagnes l'apportent-ils dans nos villes, pour le faire danser au son de la vielle. Aux approches de l'hiver, plusieurs marmottes se réunissent pour construire, sur le penchant d'une montagne, un grand terrier à deux ouvertures, qui a la forme d'un Y.

C'est une si elle chose que l'union ! D'autres animaux, les abeilles sur-tout et les fourmis, nous en donnent l'exemple. Les abeilles dans leur ruche, sont comme des citoyens dans leur ville. Chacune y a ses occupations, ses habitudes, ses amis, sa demeure. Au printemps, toutes ces ouvrières volent dans les champs pour recueillir sur les fleurs une espèce de poussière qu'elles rassemblent avec leurs pattes. C'est avec cette poussière qu'elles forment la cire dont on fait les bougies.

Le miel est composé d'un suc qu'elles pompent dans les fleurs.

Quand aux fourmis, lorsque vous en rencontrerez une, suivez-la, vous verrez qu'elle se rend dans une habitation vaste : divisée en chambrettes, toutes bien approvisionnées, bien propres. Grains, fruits, petits animaux morts, tout est bon pour son ménage ; mais c'est surtout la manière dont se fait l'approvisionnement qui est curieuse.

Lorsqu'une fourmi se trouve trop chargée, une autre fourmi l'aide ; et si les deux ne sont pas assez fortes, une troisième vient au secours, pour transporter le fardeau, souvent plus gros que douze fourmis réunies.

D

n. nid.

Un nid d'oiseau est un chef-d'œuvre, par la manière dont les feuilles sèches, le duvet et le crin y sont disposés. Une autre merveille, c'est la manière dont les petits y sont élevés. La mère se tient près d'eux pour les échauffer, tandis que le père vient dégorger dans leurs becs des alimens à demi-digérés. Ces enfans chéris sont dociles : ils attendent pour voler qu'on leur en ait donné le signal ; ils s'essayent sous les yeux de leur père, et ne prennent d'autre nourriture que celle qui leur est indiquée.

O. ours.

L'Ours s'apprivoise, mais il faut le prendre jeune, autrement il conserverait son caractère farouche. Dans les bois, cet animal vit seul, par indifférence pour ceux de son espèce. Parmi les hommes, le goût de la retraite a quelquefois le même motif: on se prive du secours des autres, pour être dispensé de leur en porter.

p. polichinel.

Deux enfans revenaient de la foire avec leur père. C'était en automne ; les jours commençaient à être courts, comme ils savaient le chemin, leur père ayant eu besoin de s'arrêter, leur dit de continuer leur route. Les voilà donc qui marchent doucement tous les deux en s'entretenant des curiosités qu'ils avaient vues à la foire. Tout-à-coup une lueur tremblottante parut au milieu du chemin. Leur premier mouvement fut de reculer, cependant l'aîné rappela à son frère ce que leur avait dit leur père, qu'il ne fallait pas s'effrayer de ce qui paraît extraordinaire dans les ténèbres, parce qu'en approchant, on découvrait que ce n'était rien : en effet, ils avancèrent et ils ne trouvèrent qu'un homme qui cherchait avec une lanterne sa bourse qu'il avait laissé tomber en tirant son mouchoir. Cet homme était le joueur de marionnettes de la foire : ils lui aidèrent à chercher sa bourse, et en reçurent pour récompense le polichinel qui les avait tant fait rire.

q. quilles.

Les jeux sont les délassemens de la jeunesse ; mais ce doivent être des jeux innocens, tels que la balle, le cerf-volant, les quilles et non pas des jeux où l'on risque de l'argent.

Voyez deux joueurs se mettre à une table de jeu : leur joie n'est pas de longue durée. La mauvaise humeur s'empare du perdant, il frappe du pied, trépigne, et s'en prend aux meubles, qu'il fracasse, comme s'ils étaient complices de sa mauvaise chance.

r. rhinocéros.

Cet animal est, après l'éléphant, un des plus gros qu'on connaisse. Sur le nez il porte une corne qui peut devenir meurtrière. Tout son corps est couvert d'un cuir que le fer ne saurait pénétrer. Au bout de sa lèvre supérieure, on aperçoit une excroissance pointue ; c'est cette excroissance qu'il allonge, et qui lui tient lieu d'une main. Sans être ni féroce, ni carnassier, ni même extrêmement farouche, le rhinocéros est cependant intraitable, il est à peu près en grand ce que le cochon est en petit, brusque, indocile et sans intelligence.

S. serpent.

Quoique les serpens n'aient pas de pattes, ils marchent à leur manière, et assez vite, ils rampent, en se servant d'une partie de leur ventre comme d'un point d'appui. Leur retraite ordinaire est dans les lieux humides, sous des tas de fumier, sous des feuilles mortes, dans des trous souterrains, où ils vivent d'herbes, de mouches, d'insectes, d'araignées, de grenouilles et de souris.

Tous les serpens ne sont pas vénimeux; les plus gros et les plus dangereux ne se trouvent pas en France. La vipère est très à craindre; l'aspic l'est moins; la couleuvre ne fait de mal à personne.

t. tigre.

Le tigre n'est pas aussi fort que le lion ; mais il est plus à craindre, parce qu'il est plus cruel. Rassasié ou à jeun, il n'épargne aucun animal, et ne quitte une proie que pour en égorger une autre. Heureusement l'espèce n'en est pas nombreuse. Dans la captivité, il déchire la main qui le caresse, comme celle qui le frappe. Cet animal a beaucoup de rapports avec le chat : il est, comme lui, hypocrite et caressant par envie de mal faire.

u. unau.

On a donné à cet animal le surnom de paresseux, parce qu'il est extrêmement

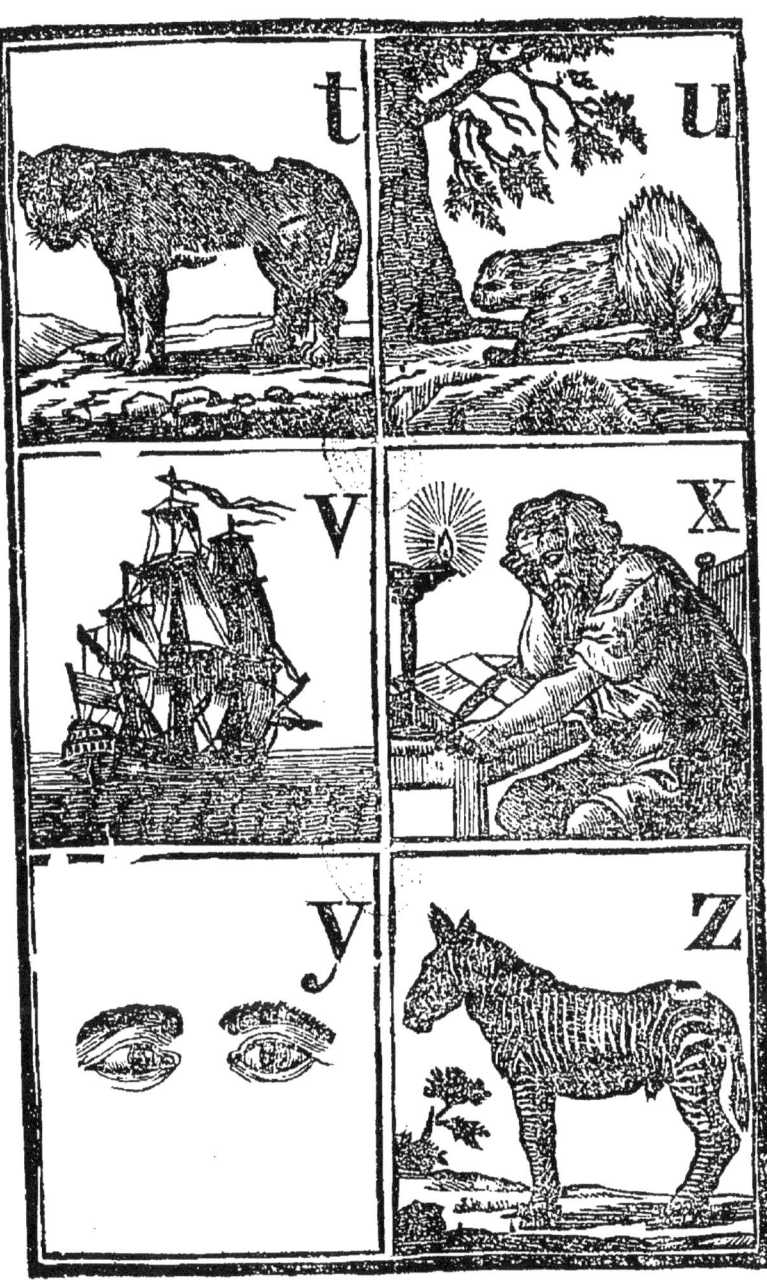

lent. *Cependant sa lenteur est moins l'effet de la paresse que du défaut de conformation. Il lui faut un jour pour grimper sur un arbre; et pour en descendre, il est obligé de se laisser tomber. Malgré sa misère, on ne peut pas dire que l'unau soit malheureux, parce qu'il n'est pas né sensible.*

V. VAISSEAU.

Il s'en faut de beaucoup que toute la terre soit solide : on voit des ruisseaux couler aux pieds des montagnes; ces ruisseaux, en se joignant à d'autres, forment des rivières ; les rivières composent des fleuves, et les fleuves contribuent à former cet amas d'eau qu'on appelle mers. Pour franchir ces espaces, il fallait des supports; pour cela, on a d'abord imaginé de creuser des arbres, puis on a joint des planches; mais il y avait loin de ces mauvais bateaux à nos grands vaisseaux de guerre, qui portent jusqu'à douze cents homme avec des provisions pour six mois.

X. XÉNOPHON.

C'est le nom d'un historien célèbre. On appelle historien celui qui écrit tout ce qui arrive d'intéressant. S'il n'y avait pas eu de ces hommes utiles, nous ignorerions tout ce qui s'est passé avant notre naissance; et s'il n'y en avait pas nous ne saurions ce qui se fait auprès de nous. Avec la connaissance de l'histoire on est l'homme de tous les pays et de tous les temps.

y. yeux.

Le caractère se peint dans les yeux. Le méchant a l'œil farouche : l'enfant sensible a le regard doux.

z. zèbre.

La peau du Zèbre est rayée de noir et de jaune clair, avec tant de symétrie, qu'il semble qu'on a pris le compas pour la peindre. C'est un âne sauvage qui marche avec une grande vîtesse, mais qu'on ne peut monter, parce qu'il est indocile et têtu. Avec sa gentillesse, on le préférerait au cheval, s'il était comme lui, susceptible d'éducation et familier.

HISTORIETTES.

LE PETIT MENTEUR.

Antonin était parvenu à l'âge de huit ans, sans avoir proféré un mensonge; et dès qu'il lui arrivait de faire quelque sottise inséparable de cet âge, il allait vîte s'en accuser à son père qui lui pardonnait après une légère réprimande.

Un jour son cousin Didier, assez mauvais sujet, vint le trouver pour s'amuser ensemble. Il lui proposa de jouer au DOMINO. Antonin voulait beaucoup; mais non pas de l'argent comme le voulait Didier. Cependant Antonin, cédant à une fausse honte et aux railleries de deux amis de Didier,

dier, joua son argent, et perdit en une heure tout ce qu'il avait économisé. Désolé de cette perte; et plus encore des sarcasmes de Didier et de ses amis; il se mit à pleurer. Son père rentra dans ces entrefaites, et lui demanda le sujet de ses pleurs. — C'est Didier le fils du voisin, qui est venu me forcer à jouer avec lui au DOMINO. — C'est un amusement que je t'ai permis; il n'y a pas là de quoi pleurer. Aurais-tu joué de l'argent? — Non, mon papa.

Le même jour le père d'Antonin ayant rencontré Didier, il en apprit qu'il avait gagné tout l'argent de son fils au DOMINO. M. Dorimont ayant appelé Antonin, lui demanda ce qu'il avait fait de son argent. Celui-ci, au lieu de mériter son pardon, en disant la vérité, chercha un mensonge grossier, en disant qu'il avait mis son argent derrière une pierre, et qu'on le lui avait pris. M. Dorimont pardonna à son fils pour la première fois, et se contenta de le traiter de menteur, en l'avertissant que dorénavant il se méfierait de lui.

Peu de temps après son oncle lui ayant fait présent d'un superbe porte-crayon, Antonin n'eut rien de plus pressé que de le montrer à Didier. Didier offrit à Antonin beaucoup de joujoux pour avoir ce joli objet, mais Antonin n'ayant pas voulu faire d'échange, Didier prétendit qu'il lui appartenait, et qu'il le lui avait dérobé. Antonin eut beau protester que c'était un cadeau de son oncle, Didier le lui arracha de force, le terrassa et s'enfuit. Antonin tout en sang, courut auprès de son père, à qui il fit le récit de l'action indigne de Didier; mais son père au lieu de l'accueillir, lui dit que sans doute il l'avait joué au *domino*, et qu'il ne s'était mis dans cet état que pour lui en imposer. Antonin eut beau affirmer la vérité de son récit, son père lui dit que l'ayant trompé une fois il ne pouvait le croire. Antonin se retira dans sa chambre, pleura sa faute, en fit l'aveu à son père, obtint son pardon, et fidèle à sa promesse, il ne mentit plus de sa vie.

Quelle est cette petite Demoiselle, assise dans un coin, qui semble craindre qu'on ne l'aperçoive ? — C'est Emilie, qui se moque des enfans mal vêtus. Ce matin, elle avait demandé à sa bonne un toquet de velours orné de paillettes. Comme elle en paraissait fière, sa maman pour la punir, lui a fait prendre un bonnet de nuit, qu'elle gardera devant les petites voisines qu'elle voulait humilier.

Fanfan, le chat aurait-il mangé ton oiseau? J'ai trouvé beaucoup de plumes dans l'escalier. — Non, mon frère ; c'est moi qui l'ai plumé pour voir quelle mine il aurait sans plumes. — Comment ! tu as eu cette cruauté, et tu le dis sans rougir ? — Mais, mon frère, on m'avait donné cet oiseau pour m'amuser. — Mon frère, on ne s'amuse pas à des choses qui font du mal. Si on t'arrachait les cheveux, tu souffrirais ; l'oiseau souffre, depuis que tu lui as arraché les plumes.

Sophie avait un chat nommé Zizi : c'est un joli amusement qu'un petit chat : mais Sophie avait pour Zizi une amitié si folle, qu'elle ne pensait qu'à lui, et qu'elle employait la plus grande partie de son temps à le caresser. Le matin, à peine était-elle sortie du lit, qu'elle appelait Zizi; en lisant sa leçon, elle pensait à Zizi; au lieu de coudre elle s'occupait de Zizi; et préférablement à sa poupée, c'était Zizi qu'elle habillait. On ôta à Sophie son Zizi, et l'on se moqua d'elle quand elle voulut le pleurer.

―――――――――

LAURETTE était une petite fille bien étourdie : il ne se passait pas de jour qu'elle ne se fît du mal, ou qu'elle n'en causât à ses camarades. Sa maman lui avait expressément défendu de manier des couteaux, et de trop s'approcher du feu; mais à peine la maman était-elle détournée ; que la petite fille oubliait la défense. Un jour qu'on l'avait laissée seule avec sa sœur Sophie, au lieu de faire attention à cette enfant qui était plus jeune qu'elle, elle la laissa manier un couteau qui la coupa bien fort. Une autre fois, en ramassant une aiguille, elle approcha la bougie si près de son béguin, que le feu prit à la dentelle, et brûla une grande partie de ses cheveux.

———

Alphonse était un petit enfant de si mauvaise humeur, qu'on le voyait pleurer pour la moindre bagatelle. S'il trouvait sa leçon tant soit peu difficile, il disait qu'il n'en pourrait jamais venir à bout et il laissait là son livre pour verser des larmes : quand il lui manquait un de ses joujoux, au lieu de le chercher, il se désolait. Au moindre coup que lui donnait en jouant un de ses camarades, il poussait des cris si aigus, qu'on l'aurait crû estropié pour la vie. Un jour son papa lui dit : Alphonse, si tu jettes ton livre pour un mot difficile, comment veux-tu apprendre à lire ? Pendant le tems que tu mets à pleurer tes joujoux, tu les retrouverais : si pour un petit coup, tu te mets à crier, aucun enfant ne voudra jouer avec toi. Alphonse entendit raison ; ses leçons lui parurent moins difficiles, ses joujoux ne se perdirent plus, et ses camarades le regardèrent comme un bon petit enfant, qu'ils mirent de toutes leurs parties.

Papa, quel plaisir, si j'étais grand comme le pommier qui est dans notre jardin ! Il ne me faudrait ni échelle, ni crochet, pour avoir des pommes. D'une enjambée je traverserais une rivière, et puis je serais bien plus fort, si j'étais si grand ! Qu'il vînt un ours à ma rencontre, je lui tordrais le cou d'un tour de main. — Mon fils, tu ne fais donc pas attention qu'il n'y aurait pas de place pour contenir des hommes si gros, et que tel pays qui fait vivre aujourd'hui mille hommes, en ferait tout au plus subsister vingt ? Chacun de nous mangerait un bœuf à son dîner, et tu n'aurais pas trop d'une tonne de lait pour faire ton déjeûner.

Dorval était un petit garçon si turbulent, que, malgré la vigilance de ceux qui l'environnaient, il lui arrivait tous les jours quelque accident. Une fois en marchant à reculons, il tomba du haut en bas d'un escalier ; une autre fois il fit tomber sa maman, en se balançant au dossier de son fauteuil : mais voici l'accident le plus fâcheux. Un jour qu'il jouait avec une petite demoiselle, à qui croiserait le premier deux épingles, en les poussant l'une contre l'autre, il mit dans sa bouche des épingles qui l'embarrassaient. Dans le même moment un gros chien qu'il avait accoutumé à jouer avec lui, entra sans être aperçu, et lui mit ses deux pattes sur les épaules. Dorval, qui ne s'y attendait pas, fit un mouvement, et lâcha les épingles, qui lui descendirent dans le gosier. On eut beau appeler les chirurgiens, Dorval mourut d'un abcès, au bout de quelques jours.

―――

Germeuil était un enfant très-indocile. Un jour qu'il passait près d'une ruche, son papa l'avertit que les abeilles étaient dangereuses quand on les troublait dans leur travail : Bon, dit Germeuil, si c'était un gros chien, j'en aurais peur; mais des abeilles, d'un coup de mouchoir j'en abattrais un cent. Le petit incrédule frappa la ruche avec sa baguette. Dans l'instant les abeilles le poursuivirent et le piquèrent au visage, au cou, aux mains, partout où leur aiguillon put se faire jour.

―――――――――

Cécile avait de beaux yeux, une jolie bouche, des couleurs vives; Cécile était une jolie petite fille. Elle en devint si orgueilleuse, qu'elle ne pouvait supporter ceux qui avaient quelque défaut dans la figure ou dans la taille. Joséphine, sa sœur cadette, était presque laide ; mais elle était douce, prévenante, et savait lire avant que Cécile connût une lettre. Cécile et Joséphine eurent ensemble la pétite vérole. Joséphine supporta son mal avec patience; mais Cécile, craignant de perdre sa beauté, aigrit son son sang, et fut tellement défigurée, qu'on ne se ressouvint plus qu'elle avait été belle. Comme elle ne savait ni travailler, ni lire; elle n'eut rien pour se distraire. Joséphine au contraire, fut recherchée, parce qu'elle joignait à l'esprit beaucoup de connaissances et d'amabilité.

***

Eh bien ! Henri, n'est-ce pas une chose bien admirable, que ce grand arbre soit sorti d'une petite semence ? Regardez, en voici un tout jeune. Il est si petit, Charlotte, que vous aurez la force de l'arracher vous-même. Tenez, voyez-vous ; voilà le gland encore attaché à sa racine. C'est pourtant ainsi que sont venus tous les arbres qui peuplent cette belle forêt que nous traversâmes l'autre jour dans notre voyage. Ce chêne seul, si tous ses glands avaient été recueillis chaque année et plantés avec soin, aurait pu suffire à couvrir de ses enfans et de ses petits enfans la face entière de la terre.

Papa, voilà le soleil qui se lève ; tu m'as promis de m'entretenir aujourd'hui sur ce bel astre.

Volontiers. C'est un globe, puisque dans toutes ses parties il se montre à nos yeux sous une forme circulaire, et qu'avec un bon télescope, on découvre sa convexité. Il tourne sur lui-même d'une rapidité prodigieuse, darde sans cesse, et de tous côtés en lignes droites, des rayons formés de sa substance, et destinés à porter avec une vîtesse inconcevable, jusqu'au bout de l'univers, la lumière qui l'éclaire, la chaleur qui l'anime, et les couleurs qui l'embellissent. Les rayons du soleil sont autant de flots de matière enflammée qu'il lance de tous côtés. A la distance où il est de nous, comment ses rayons pourraient-ils nous échauffer, s'ils ne partaient d'une source brûlante, en conservant dans le trajet, leur mouvement? Le soleil tourne sur lui même, puisque l'on observe sur son disque des taches qui, se montrant sur un de ses bords, semblent passer à travers toute sa largeur sur le bord opposé, se dérobent pendant quelques jours,

ours, et reparaissent ensuite au premier point 'où elles sont parties. Tous les philosophes aniens et modernes ont cru que le soleil tournait utour de la terre, et il n'y a pas trois cents ans u'on est revenu de cette erreur. Les enfans le croient encore aujourd'hui sur la foi de leurs bonnes, et tout le peuple ignorant et grossier le croira toujours. Cependant rien de plus faux, et je te le démontrerai jusqu'à l'évidence.

~~~~~~~~~~~~~~~~~~~~~~o~~~~~~~~~~~~~~~~~~~~~

MANIÈRE de prononcer les consonnes.

B Be.
C Ce.
D De.
F Ef fe.
G Ge.
H A che.
J Gi.
K Ka.
L Elle.
M Em me.

N En ne.
P Pe.
Q Qu.
R Re.
S Se.
T Te.
V Ve.
X Ik ce.
Y Y grec.
Z Zaid.

F

ACCENS.
´ Aigu.
` Grave.
^ Circonflexe.

Ces accens mettent une grande différence dans la manière dont on prononce les lettres sur lesquelles ils sont placés; ainsi l'on ouvre beaucoup plus la bouche pour prononcer l'*e* du mot *procès*, que pour prononcer celui du mot *bonté*.

L'*e* sur lequel on met un accent aigu, s'appelle un *e* fermé; celui sur lequel on place un accent grave, s'appelle un *e* ouvert.

On met l'accent circonflexe sur les voyelles qu'on prononce en appuyant, comme dans ces mots : *Blâme, tempête, gîte, trône, flûte*.

Il y a cinq voyelles *a, e, i, o, u*: on les appelle voyelles parce qu'elles remplissent seules la voix.

Il n'en est pas de même des autres lettres : on les nomme consonnes, parce qu'elles n'ont de son qu'avec une autre lettre; ainsi quand on prononce un *b*, le son est le même que s'il y avait un *e* à côté.

Le tréma (¨) est un signe qui avertit qu'il faut prononcer la voyelle sur laquelle il se trouve, séparément de la lettre qui suit; ainsi, dans le mot *haïr*, on prononce *ha-ir*, parce qu'il y a un tréma, et non pas *hair*.

L'apostrophe (') se met en haut, à la place d'une voyelle supprimée, comme dans les mots : *L'arbre*, *l'oiseau*, parce qu'il aurait été trop dur de dire : *Le arbre*, *le oiseau*.

Le trait d'union (-) se met entre deux mots qui n'en forment qu'un, comme : *Porte-faix*, *porte-clef*, *porte-crayon*.

La cédille (ҷ) se met en bas, sous la lettre *c*, pour avertir qu'on doit prononcer *c* comme une *s*; par exemple, dans le mot *Leçon*.

Les guillemets (») sont deux virgules qui marquent que les mots devant lesquels ils se trouvent sont le langage de quelqu'un qui n'est pas celui qui parlait auparavant : on s'en sert encore pour faire connaître les mots, les lignes qui sont empruntés d'un autre livre.

La parenthèse () se compose de deux crochets : elle marque que ce qui est renfermé entre elles, est détaché de ce qui précédait et de ce qui suit.

Virgule, pour s'arrêter un peu.

Point et Virgule ; pour s'arrêter davantage.

Deux points : pour s'arrêter davantage encore.

Point . pour s'arrêter tout-à-fait.

Point d'interrogation ?

Point d'admiration ou d'exclamation !

Ceux qui composent les livres ne placent pas tous ces signes indifféremment.

La virgule (,) marque les différentes parties d'une phrase, c'est-à-dire, d'un assemblage de mots qui contribuent à former le même sens.

Le point et la virgule (;) marque que la phrase n'est pas entièrement finie.

Les deux points (:) marque qu'une phrase est finie, mais qu'elle dépend d'une phrase composée, dont toutes les parties sont liées avec la principale.

FABLES.

LE JOUEUR DE GOBELETS.

Escroquillard, fameux escamoteur,
　Dans un village, un beau dimanche,
　Dressa son théâtre imposteur
Sur deux tréteaux que couvrait une planche;
Puis au bruit du tambour il se fit annoncer :
C'est par ici, messieurs ; allons, prenez vos places,
　Dans l'instant je vais commencer.
　　Tous mes benêts, piqués par ses grimaces,
　　De l'admirer ne pouvaient se lasser.
　　Après maints tours de passes-passes,
Ils ne savaient que dire et que penser ;
Leurs yeux frappés de ce rare spectacle
　　Prenaient pour autant de miracle
Chaque parole et chaque changement.
　　Ils ne concevaient pas comment,
　　Sans y toucher une muscade,
　　Par le pouvoir du seul commandement,
　　Allait joindre sa camarade.
　　　Allons, messieurs, à ce tour-ci :
　　　Par la vertu de ma baguette,
Je vais changer cet écu que voici
En plomb,... Partez.... La chose est faite,

Le voyez-vous ? ça maintenant,
Que le plomb redevienne argent ;
Soufflez... Chaque maroufle,
Tour-à-tour de bonne foi souffle,
Et l'écu paraît de nouveau.
Ah, mon Dieu, Seigneur ! que c'est beau !
Quel esprit ! c'est pire qu'un homme,
Que cet homme-là.... Ça, messieurs,
Leur dit Escroquillard, le temps m'appelle ailleurs.
A leurs dépens, muni d'une assez bonne somme.

. . . .

Son départ fut son dernier tour!

Vadé.

L'ENFANT ET LA POUPÉE.

Dans une foire, un jeune enfant,
Promené par sa gouvernante,
Contemplait d'un œil dévorant
Maints beaux colifichets : tout lui plaît, tout le tente ;
Il veut polichinel, ensuite un porteur d'eau,
Et puis il n'en veut plus. — Voulez-vous une épée ?
— Ah ! oui ; mais non, j'aime mieux ce berceau.
Il l'eut pris sans une poupée
Qui le séduisit de nouveau.
On la lui donne ; en sautant il l'emporte,
Chez la maman le voilà de retour :

Les enfants sages sont récompensés.

Aux gens du logis tour-à-tour ;
Il fait baiser l'objet qui d'aise le transporte.
    Depuis le matin jusqu'au soir,
    De chambre en chambre il la promène ;
S'il faut s'aller coucher, il la quitte avec peine,
Et s'endort en pleurant dans les bras de l'espoir.
En dormant il en rêve ; et le jour lui ramène
Sa Mimi, qu'on l'apporte, et vîte ! il veut la voir :
Pendant près de huit jours, avec exactitude,
    Fanfan joue avec sa catin.
Il paraissait content : mais le petit coquin,
De la possession se fit une habitude.
L'habitude et le froid se tiennent par la main :
Le froid donc s'en suivit, et le dégoût enfin.

V<small>ADÉ</small>.

On aime ce qu'on n'a pas, et ce qu'on a cesse de plaire.

FANFAN ET COLAS.

Fanfan gras et vermeil et marchant sans lisière,
    Voyait son troisième printems.
D'un si beau nourrisson, Perrette toute fière,
S'en allait à Paris le rendre à ses parens.
    Perrette avait sur sa bourrique,
    Dans deux paniers, mis Colas et Fanfan,
De la riche Cloé, celui-ci fils unique,

Allait changer d'état, de ton, d'habillement,
     Et peut-être de caractère.
     Colas, lui, n'était que Colas,
   Fils de Perrette et de son mari Pierre :
Il aimait tant Fanfan qu'il ne le quittait pas.
     Fanfan le chérissait de même.
Ils arrivent : Cloé prend son fils dans ses bras :
     Son étonnement est extrême,
Tant il lui paraît fort, bien nourri, gros et gras.
Perrette de ses soins est largement payée :
     Voilà Perrette renvoyée,
     Voilà Colas que Fanfan voit partir.
     Trio de pleurs : Fanfan se désespère :
       Il aimait Colas comme un frère ;
Sans Perrette et sans lui que va-t-il devenir ?
Il fallut se quitter. On dit à la nourrice :
Quand de votre hameau vous viendrez à Paris,
     N'oubliez pas d'amener votre fils ;
Entendez-vous, Perrette ? on lui rendra service.
Perrette, le cœur gros, et plein d'un doux espoir,
     De son Colas croit la fortune faite.
De Fanfan cependant Cloé fait la toilette.
Le voilà décrassé, beau, blanc, il fallait voir !
    Habit moiré, toquet d'or, riche aigrette.
On dit que le fripon se voyant au miroir,
     Oublia Colas et Perrette.
Je voudrais à Fanfan porter cette galette,
Dit la nourrice un jour ; Pierre, qu'en penses-tu ?

Voilà tantôt six mois que nous ne l'avons vu.
  Pierre y consent ; Colas est du voyage.
Fanfan trouva (l'orgueil est de tout âge)
  Pour son ami, Colas trop mal vêtu ;
  Sans la galette, il l'aurait méconnu.
Perrette accompagna ce gâteau d'un fromage,
De fruits et de raisins. . . . .
  Les présens furent bien reçus ;
Ce fut tout ; et tandis qu'elle n'est occupée
  Qu'à faire éclater son amour,
  Le marmot lui bat du tambour,
Traîne son chariot, fait danser sa poupée.
Quand il a bien joué, Colas, dit : c'est mon tour ;
  Mais Fanfan n'était plus son frère ;
  Fanfan le trouva téméraire ;
Fanfan le repoussa d'n air fier et mutin.
 Perrette alors prend Colas par la main :
  Viens, lui dit-elle, avec tristesse ;
 Voilà Fanfan, devenu grand seigneur,
  Viens, mon fils, tu n'as plus son cœur.
L'amitié disparaît où l'égalité cesse.
AUBERT.

CLOÉ ET FANFAN.

J'ai peint Fanfan ingrat envers Perrette,
Je l'ai peint dédaignant Colas pour son ami,
Et logeant la fierté déjà sous sa bavette.

Fanfan grandit ; et malgré les avis
De Cloé, mère tendre et sage,
Son orgueil s'accrut avec l'âge :
Le fripon insultait tous les gens du logis.
Que fit Cloé pour corriger son fils.
. . . .
. . . .

Mon fils, dit-elle un jour, apprenez le malheur
Où le juste destin vous plonge :
Vous n'êtes point à moi : Perrette et son mari
Ont trompé tous deux ma tendresse ;
Ce secret vient d'être éclairci :
. . . .
. . . .
Colas est mon enfant, et vous allez partir.
. . . .
Fanfan, troublé, muet, l'œil fixé sur sa mère,
A ce nom de Colas, laisse couler des pleurs,
Cloé tournant les yeux ailleurs,
Pour pousser jusqu'au bout l'affaire,
Tient ferme, le dépouille, et lui met les habits
Qu'il devait porter au village.
Mille sanglots alors échappent à son fils ;
Les pleurs inondent son visage.
Il parle enfin : Maman, que vais-je devenir,
Mal vêtu, mal nourri. . . . . . .
. . . . . — Oui, Colas, mais qu'y
Le ciel de votre orgueil a voulu vous punir,

Colas, vous méprisiez mon fils et votre mère,
Vous traitiez durement tous ceux que la misère,
    Pour subsister, oblige de servir :
    Vous allez apprendre à les plaindre.
    Vous voyez qu'au sein du bonheur,
    Les retours du sort sont à craindre.
De vos cruels dédains reconnaissez l'erreur.
Si mon fils allait vous les rendre ?
S'il allait à son tour.... Fanfan n'y tenant plus,
Tombe aux pieds de Cloé, désespéré, confus,
    La conjure de le reprendre.
Je servirai, lui dit-il, votre fils ;
    Je le respecterai, je lui serai soumis.
C'en fut assez pour cette sage mère,
    Qui se sentait trop attendrir :
Elle embrassa son fils, quitta cet air sévère.
L'appela par son nom, loua son repentir ;
    Et désormais eut lieu de s'applaudir
    De cette leçon salutaire.

AUBERT.

LES DEUX ENFANS.

    Un jour Perrinet et Colin,
Deux enfans du même âge, entrés dans un jardin,
    S'égayaient à la promenade,
Et sous des marroniers faisaient mainte gambade :

Ils trouvèrent sur le gazon
Un fruit plein de piquans, fait comme un hérisson.
Colin le ramassa. Son petit camarade
   Le crut un sot : Tu tiens, dit-il, un mets
    Des plus friants pour les baudets ;
  C'est un chardon, et ton goût est étrange.
    Pour moi je vois des pommes d'or ;
  Voilà mon fait, et la main me démange.
Perrinet à l'instant se saisit d'une orange,
    Et croit posséder un trésor :
La couleur du métal que l'univers adore
Séduit jusqu'aux enfans. Celui-ci, bien joyeux,
Admire un si beau fruit, et s'imagine encore
    Qu'il est d'un goût délicieux.
Il y fut attrapé, notre petit compère,
    Car cette orange était amère.
Aussitôt qu'il en eût goûté,
Il la jeta bien loin. Colin de son côté,
S'était piqué les doigts ; mais sa persévérance,
    Surmontant la difficulté,
   Trouve un marron pour récompense.
Ce marron hérissé figure la science,
    Qui sous ses dehors épineux
Cache d'excellens fruits, tandis que l'ignorance,
    Sous une riante apparence,
Produit des fruits amers, et souvent dangereux.

RICHARD.

L'ENFANT

L'ENFANT ET LE MIROIR.

Un enfant élevé dans un pauvre village
Revint chez ses parens, et fut surpris d'y voir
      Un miroir.
    D'abord il aima son image;
Et puis, par un travers bien digne d'un enfant,
    Et même d'un être plus grand,
    Il veut outrager ce qu'il aime,
Lui fait une grimace, et le miroir la rend.
    Alors son dépit est extrême,
    Il lui montre un poing menaçant,
    Et se voit menacé de même.
Notre marmot fâché s'en vient en frémissant
    Battre cette image insolente :
Il se fait mal aux mains; sa colère en augmente;
    Et furieux, au désespoir,
    Le voilà devant ce miroir
    Criant, pleurant, frappant la glace.
Sa mère qui survient, le console, l'embrasse,
  Tarit ses pleurs, et doucement lui dit :
N'as-tu pas commencé par faire la grimace
A ce méchant enfant qui cause ton dépit ?
— Oui. — Regarde à présent : tu souris, il sourit ;
Tu tends vers lui les bras, il te les tend de même ;

                        G

Tu n'es plus en colère, il ne se fâche plus.
De la société tu vois ici l'emblême :
Le bien, le mal nous sont rendus.

FLORIAN.

VERS PRÉSENTÉS

PAR UN JEUNE ENFANT

A SA MÈRE.

Qu'en ce beau jour de plaisir,
Chère maman, à t'offrir cette rose !
Elle est fraîche et jolie : à peine est-elle éclose
Du premier souffle du zéphyr.
Dans mes bras enfantins permets que je t'enlace,
En t'offrant ce léger présent,
Et que de ma main je la place
Sur ton corset, en t'embrassant.
Des maux que tu souffrais, que j'étais affligée.
Mais, grâce à nos soupirs, la fortune est changée.
Ah ! si mes pleurs avaient pu te guérir !
Tu connais bien l'excès de ma tendresse ;
Rien n'aurait pu les calmer, les tarir.
Mes larmes sur ta couche auraient coulé sans cesse.
J'aurais préféré d'y mourir.
Mais que mon ame est donc contente !
Je ne crains plus rien pour tes jours ;

Ta santé n'est plus chancelante,
En cet heureux état conserve-la toujours.
Vis, pour nous aimer tous, dans ce charmant asile.
O maman! tu connais mes sentimens, mon cœur;
Jamais il ne fut plus tranquille:
Te plaire et t'obéir fera tout mon bonheur.

DU CALCUL.

0   **1**   **2**   **3**
zéro,   un,   deux,   trois,

4   **5**   **6**   **7**
quatre,   cinq,   six,   sept,

8   **9**   **10**
huit,   neuf,   dix.

Ces caractères s'appellent chiffres arabes; ils servent à compter.

Pour exprimer des nombres plus considérables, sans avoir recours à d'autres caractères, on est convenu que de dix unités on n'en ferait qu'une, à laquelle on donnerait le nom de *dizaine*, et que l'on compterait par dizaines comme on compte par unités; c'est-à-dire, que l'on dirait deux dizaines, trois dizaines, etc., jusqu'à neuf dizaines ; que, pour présenter ces nouvelles unités, on emploierait les mêmes chiffres que pour les unités simples, et qu'on les distinguerait de celles-ci, en les plaçant à leur gauche.

Ainsi, pour représenter *trente-quatre*, qui renferme trois dizaines et quatre unités, on est convenu d'écrire 34 ; pour représenter *soixante*, qui contient un nombre exact de six dizaines, sans aucune unité, on écrit 60. Zéro, marque à la fois qu'il n'y a point d'unités simples, et que le nombre six exprime des dizaines.

Pour faire des comptes plus étendus, on forme de dix dizaines une seule unité, qui a le nom de *centaine*, parce que dix fois dix font cent, et on place les chiffres qui appartiennent à ces centaines, à la gauche des dizaines.

Il en est de même des *mille*, que l'on forme de dix centaines, et ainsi de suite, pour tous les nombres que l'on peut imaginer.

Les principales règles du calcul sont : l'*Addition*, la *Soustraction*, la *Multiplication*, la *Division*.

L'Addition.

Fanfan, supposons que tu tires quelques cerises d'une corbeille : pour savoir combien tu en auras pris, tu diras :

par exemple. . . . . . 4 cerises,
plus 2 cerises,
plus 3 cerises,
_____
font 9 cerises.

Le nombre 9 est le nombre que tu cherchais.

Ainsi, l'addition consiste à ajouter plusieurs nombres les uns aux autres, pour en connaître la somme totale.

La Soustraction.

Supposons que tu n'aies pris que 7 cerises, et que tu en remettes 4, combien t'en restera-t-il ?

de 7 cerises,
ôte 4 cerises,
reste 3 cerises.

Ainsi, par la soustraction, on ôte un moindre nombre d'un plus grand, pour savoir ce qu'il en reste.

La Multiplication.

Si je te donne 15 cerises par jour, combien en mangeras-tu en 4 jours ?

Multiplie. . . . 15
par. . . . 4

C'est-à-dire, compte 4 fois 15
Tu trouveras. . . 60 cerises.

La Multiplication consiste donc à multiplier deux nombres l'un par l'autre, pour trouver un troisième nombre, qui contienne le premier autant de fois qu'il y a d'unités dans le second.

La Division.

Si par hasard, il ne s'était trouvé dans la corbeille que 30 cerises, et qu'il t'eût fallu les partager entre 6 personnes, combien chaque personne en aurait-elle eu ?

30 { divisés par 6.
     donne 5.

Chaque personne aurait donc eu 5 cerises.

L'usage de la division est, comme tu vois, de partager un nombre en autant de parties qu'il y a d'unités dans celui par lequel on le divise.

CHIFFRES ARABES ET ROMAINS.

un	1	I.
deux	2	II.
trois	3	III.
quatre	4	IV.
cinq	5	V.
six	6	VI.
sept	7	VII.
huit	8	VIII.
neuf	9	IX.
dix	10	X.
onze	11	XI.
douze	12	XII.
treize	13	XIII.
quatorze	14	XIV.
quinze	15	XV.
seize	16	XVI.
dix-sept	17	XVII.
dix-huit	18	XVIII.
dix-neuf	19	XIX.
vingt	20	XX.
vingt-un	21	XXI.
vingt-deux	22	XXII.
vingt-trois	23	XXIII.
vingt-quatre	24	XXIV.
vingt-cinq	25	XXV.
vingt-six	26	XXVI.
vingt-sept	27	XXVII.
vingt-huit	28	XXVIII.
vingt-neuf	29	XXIX.
trente	30	XXX.

		Arabes.	Romains.
trente-un		31	XXXI.
trente-deux		32	XXXII.
trente-trois		33	XXXIII.
trente-quatre		34	XXXIV.
trente-cinq		35	XXXV.
trente-six		36	XXXVI.
trente-sept		37	XXXVII.
trente-huit		38	XXXVIII.
trente-neuf		39	XXXIX.
quarante		40	XXXX ou XL.
quarante-un		41	XLI.
quarante-deux		42	XLII.
quarante-trois		43	XLIII.
quarante-quatre		44	XLIV.
quarante-cinq		45	XLV.
quarante-six		46	XLVI.
quarante-sept		47	XLVII.
quarante-huit		48	XLVIII.
quarante-neuf		49	XLIX.
cinquante		50	L.
cinquante-un		51	LI.
cinquante-deux		52	LII.
cinquante-trois		53	LIII.
cinquante-quatre		54	LIV.
cinquante-cinq		55	LV.
cinquante-six		56	LVI.
cinquante-sept		57	LVII.
cinquante-huit		58	LVIII.
cinquante-neuf		59	LIX.
soixante		60	LX.

	Arabes.	Romains.
soixante-un	61	LXI.
soixante-deux	62	LXII.
soixante-trois	63	LXIII.
soixante-quatre	64	LXIV.
soixante-cinq	65	LXV.
soixante-six	66	LXVI.
soixante-sept	67	LXVII.
soixante-huit	68	LXVIII.
soixante-neuf	69	LXIX.
soixante-dix	70	LXX.
soixante-onze	71	LXXI.
soixante-douze	72	LXXII.
soixante-treize	73	LXX.
soixante-quatorze	74	LXXIV.
soixante-quinze	75	LXXV.
soixante-seize	76	LXXVI.
soixante-dix-sept	77	LXXVII.
soixante-dix-huit	78	LXXVIII.
soixante-dix-neuf	79	LXXIX.
quatre-vingt	80	LXXX.
quatre-vingt-un	81	LXXXI.
quatre-vingt deux	82	LXXXII.
quatre-vingt-trois	83	LXXX.
quatre-vingt-quatre	84	LXXXIV.
quatre-vingt-cinq	85	LXXXV.
quatre-vingt-six	86	LXXXVI.
quatre-vingt-sept	87	LXXXVII.
quatre-vingt-huit	88	LXXXVIII.
quatre-vingt-neuf	89	LXXXIX.
quatre-vingt-dix	90	XC.

	Arabes.	Romains.
quatre-vingt-onze	91	XCI.
quatre-vingt-douze	92	XCII.
quatre-vingt-treize	93	XCIII.
quatre-vingt-quatorze	94	XCIV.
quatre-vingt-quinze	95	XCV.
quatre-vingt-seize	96	XCVI.
quatre-vingt-dix-sept	97	XCVII.
quatre-vingt-dix-huit	98	XCVIII.
quatre-vingt-dix-neuf	99	XCIX.
cent	100	C.
deux cents	200	CC.
trois cents	300	CCC.
quatre cents	400	CCCC.
cinq cents	500	D.
six cents	600	DC.
sept cents	700	DCC.
huit cents	800	DCCC.
neuf cents	900	DCCCC.
mille.	1000	M.

Tableau de Multiplication.

2	fois	2	font	4	2	fois	10	font	20
2	fois	3	font	6	2	fois	11	font	22
2	fois	4	font	8	2	fois	12	font	24
2	fois	5	font	10	3	fois	3	font	9
2	fois	6	font	12	3	fois	4	font	12
2	fois	7	font	14	3	fois	5	font	15
2	fois	8	font	16	3	fois	6	font	18
2	fois	9	font	18	3	fois	7	font	21

3	fois	8	font	24	6	fois	7	font	42
3	fois	9	font	27	6	fois	8	font	48
3	fois	10	font	30	6	fois	9	font	54
3	fois	11	font	33	6	fois	10	font	60
3	fois	12	font	36	6	fois	11	font	66
4	fois	4	font	16	6	fois	12	font	72
4	fois	5	font	20	7	fois	7	font	49
4	fois	6	font	24	7	fois	8	font	56
4	fois	7	font	28	7	fois	9	font	63
4	fois	8	font	32	7	fois	10	font	70
4	fois	9	font	36	7	fois	11	font	77
4	fois	10	font	40	7	fois	12	font	84
4	fois	11	font	44	8	fois	8	font	64
4	fois	12	font	48	8	fois	9	font	72
5	fois	5	font	25	8	fois	10	font	80
5	fois	6	font	30	8	fois	11	font	88
5	fois	7	font	35	8	fois	12	font	96
5	fois	8	font	40	9	fois	9	font	81
5	fois	9	font	45	9	fois	10	font	90
5	fois	10	font	50	9	fois	11	font	99
5	fois	11	font	55	9	fois	12	font	108
5	fois	12	font	60	10	fois	10	font	100
6	fois	6	font	36					

LES MAXIMES

DE L'HONNÊTE HOMME.

Craignez un Dieu vengeur, et tout ce qui le blesse;
C'est là le premier pas qui mène à la sagesse.
Ne plaisantez jamais ni de Dieu ni des Saints:
Laissez ce vil plaisir aux jeunes libertins,
Que votre piété soit sincère et solide,

Tenez votre parole inviolablement,
Mais ne la donnez pas inconsidérément.
Soyez officieux, complaisant, doux, affable,
Poli, d'humeur égale, et vous serez aimable.
Du pauvre qui vous doit n'augmentez point les maux :
Payez à l'ouvrier le prix de ses travaux.
Bon père, bon époux, bon maître sans faiblesse ;
Honorez vos parens surtout dans leur vieillesse.
Du bien qu'on vous a fait soyez reconnaissant.
Montrez-vous généreux, humain et bienfaisant.
Donnez de bonne grâce : une bonne manière
Ajoute un nouveau prix au présent qu'on veut faire.
Rappelez rarement un service rendu ;
Le bienfait qu'on reproche est un bienfait perdu.
Ne publiez jamais les grâces que vous faites,
Il faut les mettre au rang des affaires secrètes.
Prêtez avec plaisir, mais avez jugement ;
S'il faut récompenser, faites-le dignement ;
Au bonheur du prochain ne portez pas envie ;
N'allez point divulguer ce que l'on vous confie.
Sans être familier ayez un air aisé,
Ne décidez de rien qu'après l'avoir pesé.
A la religion soyez toujours fidèle ;
On ne sera jamais honnête homme sans elle.
Aimez le doux plaisir de faire des heureux ;
Et soulagez surtout le pauvre vertueux.
Soyez homme d'honneur et ne trompez personne ;
A tous ses ennemis un cœur noble pardonne.
Aimez à vous venger par beaucoup de bienfaits,
Parlez peu, pensez bien, et gardez vos secrets.
Ne vous informez point des affaires des autres ;
Sans air mystérieux dissimulez les vôtres.
N'ayez point de fierté, ne vous louez jamais ;
Soyez humble, modeste, au milieu des succès.

www.ingramcontent.com/pod-product-compliance
Lightning Source LLC
LaVergne TN
LVHW050630090426
835512LV00007B/758